Moretti &
Cras iterat

Fabula 34

EMMOLO , RICCARDO
Ti parlo /
Bergamo : Moretti & Vitali , [2012].
80 p. : 21 cm.
(Fabula ; 34)

1. Emmolo , Riccardo

CDD (ed. 21.) : 851.914

ISBN 978 88 7186 462 4

Scheda catalografica a cura dell'Ufficio Catalogazione del Sistema Bibliotecario Urbano di Bergamo.

Via Segantini, 6a - 24128 Bergamo
telefono 035.251.300
fax: 035 4329409
internet: www.morettievitali.it
e-mail: info@morettievitali.it

Composizione tipografica:
Bauer Bodoni, Simoncini Garamond e Adobe Garamond Expert

Stampa: Digital Print, Segrate (Mi), aprile 2012

RICCARDO EMMOLO

Ti parlo

Moretti & Vitali

Fine

Guarda come riposa, finalmente.
Si fermasse anche il tuo respiro!
Ma stai respirando, stai pensando.
Sei un sopravvissuto.

Guarda come l'ha ridotta il male.
Il viso tutto macchiato, la carne
ulcerata, umiliata, gli occhi
i suoi verdi occhi luminosi
le palpebre li hanno già seppelliti.

Da tempo il sembiante si snaturava
ma solo ora arrivi a capire quelle
schiume di sangue tra le labbra
che delicatamente asciugavi
cancellandole una dopo l'altra
dalla mente.

Guardala, era la tua vita
la tua strada verso il mondo.
Ora né strada né mondo
solo quest'ombra guastata
che verranno a prendere stamattina.

I ragazzi stanno arrivando.

Qualche minuto ancora
e il pianto scoperchierà
il senzafondo del dolore.
Non vi accennerete più.

Guarda come riposa, finalmente.
Di tutti i suoi affanni
di tutti i suoi spasimi
non è rimasto niente.
Così delle tue veglie,
delle speranze.

Lascia mordere il dolore

Non scacciare subito il dolore
porta con sé quel sorriso
che non sapeva spegnersi
quegli occhi alla deriva
tra le pieghe del lenzuolo

lascialo mordere
finché viene in compagnia
e quando si presenterà da solo
caccialo, se puoi
o insieme con lui
vattene via.

Il terrazzo

Appena sveglia usciva sul terrazzo
a contemplare le casuarine,
i campi di ulivi, Testa dell'acqua.

Erano generosi i suoi occhi
sapevano ascoltare il dolore
altrui, contenere il proprio.

Si muoveva svelta, parlava piano
come se il mondo le arrivasse a fiotti
e volesse restituirlo ordinato.

Vivrà solo dentro di te
sarai il suo terrazzo sul mondo
che non la vedrà mai più.

Se risorgeremo, alla fine
appena ti sveglierai
anche lei si sveglierà in te.

E se nessuno potrà risuscitarci
tu lasciala riposare così
o straziato ospite d'amore.

La mattina sul campanile

La mattina sul campanile
i merli fischiano ancora
e nel cortile i gattini aspettano
i croccantini, come allora.

Quanti progetti, speranze, sogni!
Un lampo nero ti scuote, un singhiozzo
sordo: tutto crolla col tempo, resta
solo il ricordo – e il male che ridesta.

Salita Castello

Ti ritorna la sua voce
se sali verso il castello
e un gelsomino spiove, un noce
s'affaccia tra le sbarre d'un cancello
e altissimo uno scapo d'agave
allarga le braccia al cielo.

Giorni del novantuno

Giorni del novantuno quando
i bambini volavano con l’altalena
gli gnomi ricevevano le fatine
alle pendici del grande cipresso
Billy correva abbaiando alle galline
vitellini e pecorelle pascolavano
sul prato di padouk dello studio
nel forno i pasticci di melanzane
il nonno disponeva le posate
e nella notte di gelsomino s’udiva
alto sulla marina il giocofuoco
e gli anni sembravano aspettare
a palate e da qualche parte
forse con le dita intrecciate
sul manico d’argento del bastone
Donna Grazietta Grimaldi.

Piazza S. Spirito, maggio 1981

«Aspetta. Un sole così dolce
l'odor di ribollita, le voci
degli ortolani, questo bimbo
che sta dormendo nel passeggino –
quando tornerà un momento così?»

Non è tornato. Né quello stupore
quando vide il libro nell'armoire
la rosa tra le stecche delle persiane
la luce di quel sentiero a Braunwald
la risata mentre raccoglieva le olive.

Niente ritorna mai. Che dura
è la compagnia infida dei ricordi
la commedia della staffetta tra i morti e i vivi
il becero cianciare della mente
che pretende di trattenere una piazza.

Guardare giù

«Io pensavo che ce l'avrei fatta.
Quell'estate – ricordi? – facemmo
il bagno ogni mattina, mai l'acqua
era stata così calda, il mare
così calmo, i bambini così felici.
Come mi divertivo a preparare
la parmigiana di melanzane,
la caponata, le cotognate!
La mattina mi alzavo molto presto
e scrivevo, scrivevo sul diario.
La sera cenavamo nel giardino
e prima di dormire guardavamo
in silenzio le stelle dal terrazzo.
C'era, sì, quel dolore fastidioso
alla spalla, ma tu pazientemente
ogni volta mi facevi il massaggio…»

«Oh, anch'io vorrei continuare
con i ricordi, ma non so più dove
indirizzarli, come attraversare
questo sogno annebbiato di pianto».

«Non sono in un luogo fisso, non sei
più così paziente come una volta».

«Hai presente la grande araucaria
al centro del giardino? Mi sento
così, troppo cresciuto, ho paura
di guardare giù, di dover parlare».

Il tempo

Tutto guasta il tempo –
consuma le ricchezze
abbatte gli imperi
vanifica i piaceri.

Niente resiste al tempo –
i ricordi e le tombe
il riso e l'innocenza
l'ebbrezza e la sapienza.

Tutto guarisce il tempo –
sa asciugare il pianto
velare le passioni
svelare le illusioni.

Niente possiede il tempo –
non ha moglie né figli
né dolore né gioia
suo cibo è la noia.

Tutto supera il tempo –
fortuna e sfortuna
nascere e morire.
Perché non può finire.

Fuori dal reparto

La signora B.

Rosetta, Maria Tela, Vanessa –
mormorii, lamenti, imprecazioni
mentre colava una luce di gesso
sui muri ingrommati di sudicio.

Camiciotti a terra senza una scossa
le gambe bullonate di geloni
oppure in piedi sotto la sistola
un gelo che attraversava le ossa.

Mangiavamo la carne con le mani
solo dopo aver tolto gli avanzi
ripulito il vomito potevamo
bere alla fontanella del cortile.

Con Lei arrivarono le posate
e i bicchieri ma gli infermieri
protestarono e tutta la notte
ci riempirono di sperma e botte.

Quando uscimmo insieme la prima volta
a passeggio per le strade di Scicli
ci guardavamo stupite per come

la gente ci osservava sconvolta

ma quando ci portò a fare il bagno
e corremmo e gridammo sulla spiaggia
svolazzando come gazze allora sì
che diventammo veramente pazze.

Rosetta a muticedda

Quante volte cercai di scappare
per mostrare a mio padre il sangue
rappreso nel mio rantolo di voce!

Non stia più in pensiero per me
ho dimenticato i pugni i pianti
i lividi sulle spalle e sulla fronte

ritrovo la cadenza catanese
di mamma e nessuno potrà più togliermela
nessuno potrà più riportarmi

nel tempo.

Rorò

Pensavo macco, caglio, nepitella,
ma la voce stonava *rorò*, *rorò*, *rorò*
la lingua s'ingrossava, annaspava
contro correnti di sedativi
sonnolenza di altopiano ibleo
una filastrocca a colpi di tosse
pile, frasche, buatte a tinchité
ritorni in me asserpolato
sotto quell'ombra appesa tutta
la notte sul letto numero nove
fin quando intonarono la messa

e io – ricorda, dottoressa? –
con la voce da bovaro
a stonare *rorò*, *rorò*, *rorò*.

Giuseppe T.

L'avo letto in Sartre o Spinoza
e spesso che ne parlavo
la notte che scesero le luci
fortissime giù (già) nel cortile
con me si *svegliarono* tutti
e una rossoblu mi *dixit* di scendere
ma la porta fermata era dal
l'infermiere nessuno – dice – *vide*
(svegliarsi e non vedere!) allora
seppure che tornarono MOLTE
volte e anche di che mi parlavano
io non lo divo più a nessuno
perché le parole siamo noi
radicati in un verbo
che non risponde.

Lasciami parlare

«Ti ho fatto male, ti ho preso in giro».

«Lascia stare, non ha più importanza».

«No, lasciami parlare. Ascoltati.
All'inizio era solo volergli bene.
Era così timido, chiuso, insicuro.
Parlava solo per non dire niente
di sé, dei sentimenti, della paura
di morire come suo padre».

«Il più difficile dei tuoi pazienti».

«Mentre parlava non sopportavo
il mio restare col cuore sospeso.
Mi scoprivo confusa e insicura
almeno quanto lui».

«Ricordo che una sera me ne parlasti».

«Sì, ma non potevo dirti tutto».

(Che importa ormai?)

(Ma qualcuno vuole sapere!)

«Non era attrazione fisica
se è questo che pensi, era così

pesante, goffo – io amavo te».

(Sei contento, adesso?)

«Quel pomeriggio, quei gabbiani
– tu eri andato a Catania –
sulla spiaggia di Maganuco capii
che anche lui provava qualcosa.
Era quello che aspettavo
e temevo da un anno e ora
mi sentivo più confusa di prima.
È giusto, mi chiedevo, è giusto
rinunziare a un bene così grande?»

«Capisco, a quel punto sapevi
di non avere molto tempo».

«La malattia non c'entra.
Se l'avessi conosciuto prima
sarebbe stato lo stesso».

(Perché? Perché?)

«Credo che tu l'abbia capito
per questo mi hai perdonata».

(Ma il rigurgito dei ricordi
a volte annienta il perdono)

«Perché non lo dici a voce alta?
Per paura che risulti vero?»

Interrogarsi così
non è disintegrarsi?

(Chi ha parlato così?)

(A chi lo stai chiedendo?)

Nell'orto

Qualcuno ti sta seguendo.

Passi che affondano nelle vene.

Tu non interrogarti, non farglielo

pesare.

Hôtel Zagarella

Quella gita al liceo, quel gioco
a definirla con un aggettivo
e al tuo «materna» un pizzicotto
sulla gamba disse che non voleva
solo questo, ma a te questo bastava –
la dolcezza, la meraviglia
di essere capito e accolto
tu in fuga dalle liti in famiglia
in lotta contro borghesi e *parvenus*
marxista immaginario che amavi
di nascosto Dostojevski e Camus.

La gita a Palermo, l'anno dopo
e quella sera all'hôtel Zagarella
tutti sul terrazzino a ballare
sussurri nel buio fresco e salino
(sorelle lampare, mare di stelle!) –
quegli occhi accarezzavano, imploravano
ma tu esitavi, ti faceva paura
quella dedizione così sicura
di sé: quell'onda di beatitudine
davvero era gratuita? Avrebbe
cancellato davvero la solitudine?
E mentre la tua mente indagava
il tuo cuore garriva nel buio,
lucciolava sul mare.

I gabbiani

«Più si difendeva e più restava
senza parole per i sentimenti,
tenero, così tenero che quando
gli presi la mano ebbe un brivido
e io ancora più desiderio, più
consapevolezza di fare il bene».

(Si rendeva conto di essere
ormai fuori della terapia?)

(Non era sempre prendersi cura?)

«C'era una lunga fila di gabbiani,
centinaia, fermi, incuranti di noi –
da quanto tempo erano lì e cosa
stavano aspettando? E noi due
cosa cercavamo su quella spiaggia?»

(Non credo più ai momenti incantati
e ai vecchi trucchi della memoria)

(Le parole cosmetiche)

(Ma ora le sta vivendo!)

«Vedendoli così assorti

sul bagnasciuga e così buffi
ebbe un sorriso dolcissimo –
bastava una carezza, una sola
per fargli prendere il volo e io
potevo farlo sì volevo così
mi disse “anch’io ti amo”».

Viaggio

Ti senti inseguito dal mare
ne intravedi i bagliori
nei saloni nobiliari
tra Veneri anadiomeni
nereidi e tritoni, attraversi
portoni di chiese barocche
colonne tortili color sabbia
e la rabbia non t'abbandona.

Sul muro di un belvedere a collana
una grande melagrana spaccata
doppia cascata di gemme succose
come le case e gli echi che il sole
scioglie sui fianchi della collina.

Geometria dei giardini d'agrumi
figure di profumi ed esultanza
del vento sulle spighe mature
la danza del ventre di Cerere
e poi la luna sopra l'arenile
e i sedili intorno alla piazza
dove si confabula sul giorno.

Di notte il basolato

Di notte il basolato
se ascolti
ha il fiato
carico di molti
nitriti e afrori
di mule, frescure
d’alba e chiarori
tra graffi e cuciture
sul cuore della palla
quando fatalmente
volava oltre la spalla
diruta del torrente.

Milano

«Quando salivo per il controllo
mi raggiungeva, la sera andavamo
a cenare sui Navigli, dove abitava
il suo amore ai tempi dell'università.
Ormai non nascondeva più niente.
"Sei tu che mi hai cambiato" diceva.
Mi parlava di suo padre, quanto
la sua rudezza l'avesse umiliato,
quanta sofferenza negli ultimi mesi.
"Non voglio che il cancro porti via
anche te". Poi il silenzio – Milano
si apriva strada dopo strada, cedeva
piazza dopo piazza, senza capire come
ci trovavamo davanti a quell'albergo
e lì riprendevamo a parlare e parlare
a ritardare il momento in cui esitanti
e felici avremmo salito quelle scale».

«Non me l'hai detto mai
neanche alla fine».

«Pensavo tu l'avessi intuito...»

(Tu chi?)

Nella penombra

Hai accostato le persiane
sei seduto nella penombra.
Non ti va di scrivere, di leggere –
vorresti non pensare a niente.

(Scrivere – un passatempo
leggere – un passatempo).

Chi era tuo nonno? È morto prima
che tu nascessi, lo conosci solo
attraverso fotografie ingiallite.

E chi era il padre di tuo nonno?
Nemmeno una fotografia, scomparsi
tutti quelli che lo conoscevano.

(Niente, non resterà niente).

Perché continui a faticare, a inseguire
il tempo che ti sta inseguendo
finché non ti cancellerà per sempre?

Scrivere versi e versi e versi
per non pensare che sei in trappola.

E quelli che ti dicono «bravo,

che belle poesie che scrivi!» –
che voglia di sputargli in faccia!

Parole cosmetici rifugi.

Così un giorno ti parleranno
di valori e responsabilità.

Ognuno ha un solo obiettivo –
il *proprio*.

(Ti aveva sposato pensando
alla *sua* vita)

(Come le piaceva recitare
la parte di chi fa *prendere il volo*!)

(E tu, non l'avevi sposata
perché sembrava poterti aiutare a
trovare le parole per i sentimenti?)

(E come ti piaceva recitare
la parte del poeta destinato
a lasciare un segno nel mondo!)

(La vita da poeta – un passatempo).

(Niente, non resterà niente).

«Ma che dici? È così bello
vivere, fare progetti!»

Hanno ragione, rasségnati.
Ciò che pensi veramente
non è concesso dirlo.

(Dillo – ti massacreranno.
Taci – seppellirai te stesso).

La conca

Scicli sotto un cielo di latte azzurro
conca di tetti grigi e di lamiere.

La povertà di una volta – il caturro[1]
i carretti, le nache,[2] le sputacchiere.

Il carnezziere spruzzava DDT
imprecando contro mosche e zanzare.

Sulle gambe il sottopancia da lustrare
il sellaio pensava all'Abbissinia.

La monnezza nelle cantonate
e il canto in cima all'impalcatura.

La pazienza, la fiducia, la misura
nell'attesa di un tempo migliore.

[1] Sorta di polenta a base di grano che si macinava di nascosto in casa per sopravvivere alla tassa sul macinato.

[2] La *naca* era un lettino pensile, costituito da una rete o da un telo attaccato per i vertici al soffitto, dove dormivano i neonati.

La voce nel canneto

La sera guardiamo la TV insieme a loro
oppure facciamo le sfide alla playstation
qualche volta raccontiamo dei dammusi
dove stavamo con la mula e il maiale
i loro nonni che ci misero a bottega bambini
e il principale che ci prendeva a nerbate
se tardavamo da una consegna a domicilio
ma le sassaiole con i cavernicoli
i tunnel di Enzo Sivori
le parate acrobatiche di Toruccio
sull'acciottolato di via Aretusa
il mercatino dei fumetti e delle figurine
la domenica pomeriggio davanti al cinema
e i giardini
oh i giardini di aranci e limoni
lungo la ferrovia fino al Salto
e il canneto che custodiva
il gorgoglio rinfrescante della saia[1]
raccontali tu, Riccardo, raccontali!

[1] Piccolo canale per l'irrigazione dei campi.

L'azzurro sopra la Stradanuova

Massaro Tano sopra la giumenta
entrava in via Pozzo Paradiso
la coppola sghemba, i baffi a manubrio
serio in viso:

«Femmine! femminuzze! le provole
arrivarono, i caciocavalli
le uova fresche fresche, la ricotta
femmine belle!»

Venivano fuori dalle stanze-stalle
chi reggendo il panaro[1] sotto il braccio
chi contando attentamente il denaro
nel borsellino.

Nell'azzurro sopra la Stradanuova
impazzava la gazzarra delle rondini
scartavano strepitosi gli zoccoli
nella vanella.[2]

[1] Piccolo cesto di canne intrecciate.
[2] Via, strada.

Il mento poggiato sulla ringhiera
correvi lungo gli orli di una nuvola
entravi nel battito della luce
sulle basole.

Bello sarebbe fantasiare ancora
offrire un rifugio ai tuoi singulti
ma rovinose sono le illusioni
degli adulti.

Una vita tutta tua

Quel pomeriggio giocando al pallone
quando sull'asfalto davanti al portone
del palazzo del cavalier Favacchio
ti lussasti il braccio e uno scaracchio
di sangue diede inizio alla prova –
per le vanelle della Stradanuova
incurvato vagasti fino a sera
– a casa non dovevano sapere –
e alla fine dovesti arrenderti al male
ti portarono svenuto all'ospedale.
Quel giorno hai potuto misurare
la fredda febbre dell'orgoglio –
quanto sarebbe arrivata a costare
una vita intera senza guinzaglio.

Via Caneva

Fu in via Caneva sotto un balcone –
perdeva all'improvviso sangue
dai capelli tuo fratello.

Un bambino aveva lasciato cadere
proprio sulla sua testa
una bottiglia di vetro.

Il sangue colava su quella orrenda
smorfia muta, inzuppava la maglietta
pioveva sull'asfalto.

L'urlo di raccapriccio arrivò
fino in via Pozzo Paradiso –
la gente s'affacciava, gridava.

Poi la sirena dell'ambulanza
il pianto di mamma e tu pallido
incapace di parlare – di piangere.

Pochi secondi fra la smorfia e l'urlo
e il mondo fu irrecuperabile
impenetrabile la vita.

Gino sul ponte

«Pigliarono a Gino! A Gino pigliarono!»
«Presto, lo stanno gettando dal ponte!»
I cavernicoli erano arrivati
fino a via Larghe Palme dove
Gino dietro un carretto si era difeso
finché aveva avuto sassi poi
l'avevano accerchiato e assalito
come una muta di cani randagi.

Acquattati dietro la cantonata
vedevamo Boia che lo ammuttava[1]
e trascinava verso la spalletta
del ponte per costringerlo a parlare.
Gino dava calci e s'intorcinava
mentre quei cani lo tappuliavano[2]
e a turno gli sputavano addosso
scaracchi grossi come lazzeruoli.

Da un po' facce di cavernicoli
giravano per la Stradanuova

[1] Spingeva.
[2] Picchiavano.

ma nessuno poteva immaginare
che arrivassero ad attaccarci in massa
davanti alle scuole elementari.
Un errore fidarsi di Minicchio
che invece di fare la sentinella
andava a giocare a zecchinetta.

Finalmente Daniele e Salvatore
arrivarono con le gerle piene.
Subito cominciò il lancio dei sassi
e poi in mezzo alle urla la carica.
Gino prima di lasciarlo andare
gli diedero un calcio nei coglioni
che quando arrivammo sul ponte
se li teneva ancora stretti stretti.

«Se non arrivavamo noi quelli
ti levavano il vizio di fottere»
disse Santo facendoci pisciare
dal ridere – ma Gino si alzò
e asciugandosi il sangue dal naso:
«Sta coppola di minchia! io ne diedi più
di quante ne pigliai – e muto stetti!»
disse scuotendo la zazzera rossa.

La vita buttana

Lo chiamavano Giovanni il pittore
di mestiere faceva l'imbianchino
quando gli andava di lavorare
era uno spasso vederlo giocare
al flipper del bar Trieste, il bacino
in avanti, i fianchi ciondolanti
parlare con la pallina, pregarla
con quella sua cadenza strana
o deluso insultarla e parlarci –
dico a noi – della vita buttana
di quel porco-di-dio che doveva
avercela con lui – sennò perché? –
e intanto scolare birre ghiacciate
fare pernacchie, tirare naschiate[1]
e quando calavano in canna scorregge –
ma in piazza Italia dovevate sentirlo
suonare *Lady Jane* e *She loves you*
che manco la buonanima di John Lennon
sapeva cantare e far ridere come lui.

[1] Rumore derisorio e beffardo che si produce aspirando forte col naso e tenendo strette le narici.

Che la moglie l'aveva lasciato
portandosi dietro la bambina
lo venimmo a sapere la mattina
quando lo trovarono impiccato.

La frenesia

Merda di mulo in mezzo alle vanelle
tisicume di gerani ai balconi
frugare di cani nella monnezza
odore di cavolfiore bollito
pomeriggi a correre col pallone
tra muli, carretti, mosquiti e donne
furibonde per i panni sporcati
l'abbeveratoio di S. Nicola
per dissetarci e poi pisciare
risalire il torrente verso Modica
e sfamarci di nespole albicocche
melagrane sorbe e lazzeruole.

Compleanni

All'inizio la scena era questa:
una tavolata di arancine e scacce[1]
sotto il pergolato con la lampadina.

La mamma di Alfio aveva impastato
cotto e fritto tutto il pomeriggio –
adesso toccava a noi.

Finite le scacce e le arancine
non appena il papà di Alfio
poggiava il cocomero sul tavolo

ognuno addentava la propria fetta
allontanandosi in cerca d'un riparo:
tronco di carrubo, mucchio di pietre.

Nell'orto infuriava la battaglia
saltava la lampadina – i genitori
di Alfio si ritiravano in casa.

[1] Focacce fatte con sfoglia di pasta arrotolata e riempita di salsa di pomodoro, melanzane, ricotta e altri ingredienti.

Esaurite le munizioni
di cocomero iniziava la ricerca –
sacchi di plastica, bottiglie, secchi.

Quelli rimasti con le mani vuote
andavano a nascondersi bene – il primo
a prendersi il cavettone era Alfio.

A chi il secondo? Il buio aiutava
a sventare manovre, intrecciare
alleanze, concepire tradimenti.

Si tratteneva il fiato spiando
il minimo rumore, nell'incertezza
meglio scaricare per primi l'acqua

addosso allo sconosciuto – fosse pure
il padre di Alfio in avanscoperta
per portare mutande asciutte al figlio.

Il pazzo sul camion

«Sciore e sciori! noi non siamo venuti
in questa meravigliosa piassa per guadagno
ma per semplice opera di pubblicità –
forse lorsciori non sanno che la nostra ditta
famosa in tutto il mondo – evéro
pochi giorni fa ha subito un incendio.
Ebbene, sciori!
Noi siamo venuti oggi a regalare…
Vedo un sciore in seconda fila
che sta sorridendo… Ecco, lei…
Io lo so perché lei sta sorridendo!
Perché ho detto regalare…
Ebbene, sciori!
Noi oggi siamo venuti a onorare – evéro
questo meraviglioso paese
re-ga-lan-do la merce rimasta!
Mi dica, sciore… sì, lei! guardi
guardi questa magnifica coperta
di pura lana vergine che io – evéro
vado a mostrarle – ecco, mi dica
se lei la comprerebbe in un negozio
quanto la paga? Ventimilalire?
Ebbene, sciori!
che mi coglie un fulmine!
questa meravigliosa coperta

di pura lana vergine
– tocchi, sciore, tocchi! –
io oggi gliela vado a regalare
non dico per venti
non dico per quindici
non dico per dieci –
tò, oggi lei la paga solo
cinquemilalire!!»

Intanto il socio andava implorando:
«Non ci dia retta a quello lì sul camion!
pazzo, pazzo è! mi vuole rovinare!
Magari lei torna a casa e sua moglie
ci dice "ma chi è quel pazzo
che t'ha venduto questa coperta
per così poco?" No, non ci crederà
che lei l'ha pagata solo cinquemilalire!
Penserà, mi scusi, che lei l'ha rubbata.
Lo sa quanto l'abbiamo pagata noi
quella coperta di pura lana vergine?
Se ce lo dico sono sicuro
che lei si scompiscia dal ridere
e invece a me mi viene da piancere!
Io c'ho una moglie e cinque figli, sa?
E cosa ci porto da mangiare se quel pazzo
continua a regalare la merce così?...»

Crescenza di carne

Gino? E chi lo vedeva più?
S'era fidanzato in casa con la figlia
di don Armando il biciclettaro.

Tutta la sera se ne stavano
a guardare la televisione
con i suoceri seduti dietro.

Mai che li lasciavano soli
mai una carezza – diceva –
mai un bacio sulla bocca!

Una volta che va via la luce
don Armando va a prendere il lume
la moglie a controllare il contatore.

«Pomiciasti?» «Sicuro che pomiciai!»
«La baciasti sulla bocca?» «Sissignore!»
«E poi?» «Tutta l'ho stretta, lei però...»

«Però?» «Sapete come sono caldo –
mi toccò di chiederle scusa
per la mia crescenza di carne».

Sulla sponda

È finita la partita di pallone
sul prato non è rimasto nessuno.

Il sole scompare, il silenzio avanza
sopra le colline, i tetti, le strade.

Seduto sulla sponda del torrente
il cielo ti appare vuoto e inutile.

Hai freddo, hai voglia di piangere
piangere fino a scomparire, hai

dodici anni.

Tutti

«Che vuoi, parola
 che interrompi il silenzio?»

«Perché continui a nasconderti?»

«Cosa aspetti? Diglielo!»

«Sì, non la sopportavo più…
 il suo cattolicesimo missionario…»

«Diglielo che era sempre più nervosa».

«A volte assumeva un tono così duro
 sapeva essere scortese, antipatica».

«Non era così al liceo…»

«La vita frantuma i sogni…»

«Smettila, stai recitando!»

«*Tutti* recitiamo, anche…»

«quando crediamo di essere sinceri…»

Le voci si moltiplicano
gli alibi si consumano…

Chi sei?

«Chi sei, silenzio che avanzi
parola che non dici niente
ma esistendo mostri il nulla?»

«Dunque il nulla esiste!»

«Solo attraverso le parole
ma senza parola».

«Che vuoi dire?»

«Ogni parola cerca di nasconderlo».

«Ma allo stesso tempo lo mostra
dunque almeno il nulla è vero!»

«Il nulla non è né verità né menzogna».

«Se non esiste né verità né menzogna
di che cosa ci possiamo fidare?»

«...................................»

«Neanche dei nostri ricordi?»

«Vivono attraverso parole inventate
per dare un'impressione di senso».

«Allora non c'è salvezza nella parola?»

(Neanche nel silenzio).

Speravamo

«Speravamo nelle tue parole di sentire
 la miseria sopportata con dignità
 la speranza in una società migliore...»

«Tu stai giocando col silenzio e col nulla...»

Quando

«Quando stretti in un patto di sangue
scendendo verso il bar di don Michele
il forno della Gna Maruzza
le donne dietro i vetri a ricamare
i carretti tornavano la sera
il cane alla catena, il lume
dondolava, un bambino mormorava
e nella cenere degli scaldini
si assopiva il tempo...»

«Quando giocavi al basket
giù nel cortile del liceo
io ti osservavo dalla finestra
del corridoio a volte restando
appesa a un tuo gancio
o trasfusa con un assist
nel cerchio degli anni a venire
dove andavo-e-tornavo...»

«Quando attaccai la corda alla trave
non pensavo a mia moglie, alla bambina
e tutto il resto, avevo la birra
da finire e un asino ragliava
alla grata del dammuso di fronte...»

«Quando mi lasci mordere
puoi agire diversamente?
Smettila con le sfide impossibili
inventare tribunali e poi
ignorare le sentenze...»

«Quando di notte sentivate
passi strascicare al piano nobile
dove c'erano ormai solo ombre
zirli di vento nella loggetta
le stridule carezze dei pini
sull'inferriata fredda e rasposa
e l'incertezza dei confini
scendeva al piano di sotto...»

«Me ne parlasti a letto, ricordo
io ti tenevo stretta da dietro
come sempre
e tu mi descrivevi i confini
tra tenerezza e sensualità
e tutto sembrava semplice
così semplice...»

«Quando qualcuno
tunnel dopo tunnel
tra smorfia e urlo
vuole sapere qui
in *questo* tempo...»

Voci

Voci seppellite, voci persistenti
voci ferite, voci fuori campo
voci di pianto, voci incontinenti
voci bambine, voci orgogliose
voci timorose, voci clandestine
voci arrabbiate, voci temute
voci perdute, voci ritrovate…

posso ascoltarvi una per una
contento e smarrito in mezzo a voi
stasera sappiamo che nessuna
verità esiste fuori di noi.

(Tra parentesi)

Tutte le voci fin qui presentatesi
sono arrivate solo tra parentesi.

Anche quella più sonora.

(Anche se lo ignora).

Anche la voce narrante.

(Per quanto, a volte, divagante).

Come in quest'istante.

Scorri

L'anima somiglia all'acqua
sale dalla terra
fino a sciogliersi in cielo
e alla terra ritornare.

Il destino somiglia al vento
sconquassa l'anima
la disperde come spuma
che torna sempre al mare.

L'amore somiglia alla fiamma
l'acqua non lo spegne
il vento non lo ferma
più forte torna a bruciare.

Scorri, ragazza mia, scorri
accetta questo vento
ringrazia questa sete
che la terra ti fa amare.

I tulipani
(Sms)

Li ho davanti mentre leggo Sciascia
i calici aperti e leggermente
inclinati, l'anta della finestra
riverbera arancione che straripa
dal vaso sulle pagine, dal film
di ieri sulle nostre parole a letto
baciate dagli schiocchi del camino,
la luna che alzava la marea
e l'onda non sa da dove proviene
quest'ansia di cielo, il vento che screpola
pistilli dalle punte rosa antico
e va a incipriarne i visi risvegliati
di ragazze lontane che passeggiano
tenendosi a braccetto, sorridono
hanno un soffio giallo ocra nel cuore
e brividi lungo la schiena quando
incrociano ragazzi dai capelli
ondulati e occhi bruni, riflessi
che arrivano ora diritti nei tuoi occhi
e non c'è più tempo, puoi soltanto
restare sommersa, impregnartene,
diluvio e deserto, nuvola e roccia
quella roccia sotto il Pizzo, il balcone
lassù dove raccogli le fresie e
mi parli al cellulare sopra le onde

grigie delle tegole, luccichii
d'inferriate, vetrate, case aperte
dove la gente lavora e canta
voce che chiami in un cielo lavanda
tenerezza celeste e sensuale.

Ti parlo

Ti parlo e intanto mi muovo
dentro di te, delicatamente
e le parole hanno significati
nuovi, morbidi, dolci, cedevoli –
pareo sa di arancia vaniglia
la campanella delle elementari
in piazza ha radici aeree
le linee del vaso peruviano
girano i vicoli sotto il castello
e intanto «sono tua!...» mormori
aggrappata a una voce
che dà brividi e dà certezze
come antiche campane
che chiamano a raccolta i sogni
come queste dita che scherzano
con le tue labbra, sui tuoi occhi
le mie bruciano gelsomini
perché ci bagni, delicatamente
questa felicità che non vuole finire...

Andata e ritorno

Se entro tutto d'un colpo, t'inarchi
ondeggi la capigliatura riccia
acceleri il ritmo che dai fianchi
s'allarga alla stanza assolata
ai casolari sulla collina
alla pineta di Gerratana
corri a piedi scalzi felice
come da bambina nelle vanelle
cominci a galoppare, salti, ti alzi
con l'eleganza di un airone
da lontano scorgi Malta
La Valletta, il frastuono della calca
dove finisce la processione
di S. Giovanni, inizia il giocofuoco…
«Tienimi, ti prego, tienimi forte!»

«Insegnami la via del ritorno
le bonacce sulle rotte fenicie
il piccolo porto di Kamarina
le trazzere che salgono ai castelli,
le acropoli barocche…»

Canzone

Se stai guidando verso Frigintini
e osservi rapita una nuvola
vorrei volare con te.

Se pensi come sarebbe bello
vivere tra Montparnasse e il Luxembourg
vorrei traslocare con te.

Se stai fotografando la magnolia
e sei ubriaca del suo profumo
vorrei odorare te.

Se provi dalla sarta la gonna
e ti guardi allo specchio di sbieco
vorrei fotografarti così.

Se tornando a casa la sera
scorgi la bianca cima dell'Etna
vorrei abbracciarla con te.

Se vai a trovare la mamma
al cimitero e resti senza parole
vorrei ascoltarla con te.

Se torni agli anni di via Lorefice

quando portavi il pranzo alla nonna
vorrei venire con te.

Se un cane attraversa la strada
e ti viene di pensare a Lord
vorrei essere il tuo pianto.

Se t'addormenti mentre leggi
Il colosso di Maroussi di Miller
vorrei essere in Grecia con te.

Se di notte all'improvviso ti svegli
e ti senti strana, in un'altra vita,
è la stessa che sto vivendo con te

amore mio.

La civetta

La civetta che ogni mattina ti aspetta
in cima alle scale del terrazzo
assorta, un po' sdegnosa, eretta
come una regina, senza imbarazzo

per la tua presenza, anzi curiosa
quando la saluti aprendo la porta
e ti osserva dall'alto paciosa
con la testona leggermente storta

che quando ad ottobre sei venuta
ad abitare la casa e il giardino
uscendo una sera restasti muta
come di fronte a un prodigio divino

e osservando come ti osservava
avvertisti una strana empatia
forse era te che da tempo aspettava
aspettava la tua compagnia.

E chi poteva dirlo che non fosse
la reincarnazione di qualcuno?
Tu volevi sapere a chi pensassi
e io subito mentii «a nessuno»

per non far divampare il dramma
che cova in fondo al tuo cuore
il ricordo troppo vivo di mamma
che nutre in segreto il tuo amore.

Ma ora sei in ansia perché manca
in cima al terrazzo da qualche sera
con la sua voce rauca e stanca
la nostra misteriosa messaggera.

«Forse la notte se ne va lontano
perché qui ormai scarseggia la preda».
«Forse» tu rispondi «ma non è strano
che neanche la mattina si veda?»

Un po' è come te, mi dico, uccello
dal piumaggio crepuscolare apparso
nella mia vita come un gioiello
fonte segreta in un terreno arso

che sprizzi fuori con la fantasia
ti alzi in volo e rapidamente
trasporti anche me nella poesia
senza parole, dove non c'è niente

che intralci lo slancio verso Dio
che io non vedo se non nel tuo
volto sorridente, nel gorgoglio
perlaceo del tuo riso, nel tuo

consegnarti gioiosa alla vita
al dolore che brucia e atterra
all'amore che sempre c'invita
a superare il cielo e la terra

fin quando al di là della parola
al di là del pensiero e dell'azione
nel crogiuolo, nell'infinita spola

delle cose si aprirà la visione.

Così un mattino uscendo fuori
per togliere dalla porta la stanghetta
vedrai sopra i rampicanti e i fiori
tornata sulla scala la civetta.

Un saluto

«Ma dove vai così trafelato?
Non senti quest'aria torpida,
questi voli così canterini?»

Oggi possiamo salutare il tempo
con l'allegria sorniona
di chi non ha fame di vento

una febbre che nessun paradiso
può contenere, gioia gialla
come la pietra modicana

quando sui nostri volti ignari
si affacciò all'improvviso il tenero
miracolo del primo bacio.

Quando stiamo abbracciati così

Quando stiamo abbracciati così
come un cerchio e il suo centro

quando le carezze scivolano dentro
come se in noi respirasse il mondo

quando ogni bacio basta a se stesso
come un giardino riposa in un petalo

la nostra felicità è uno scandalo
per l'austerità della Storia

un abbandono più ricco di gloria
di tutte le conquiste del Potere

il più corposo, il più insidioso vino
per gli insonni vigilantes del Destino.

Riccioli rossi

Riccioli rossi più dell'aurora
più del mattino che scalda e indora

più del fuoco che cuoce il pane
più del vino che scioglie le pene

ti amo come un ricordo acceso
da un diario ritrovato, inatteso

ti amo come il pane con le olive
le cose d'una volta, le più vive

ti amo come si scavalca un dolore
un respiro corto, un buio torpore

ti amo senza difese, senza più tremare
perché ora so cosa vuol dire amare.

Di padre in figlio

C'è una sola foglia che riposa?

Foglie e sabbia, polvere e cemento
una danza vorticosa nel cortile
s'addensano le nuvole e il vento
aggredisce i tetti e il campanile.

Figlio mio, nella tua stanza
soffochi i singhiozzi: «È finita!
è innamorata di un altro, la vita
è solo dolore che avanza, avanza…»

Lacrime e tremore tutta la notte:
«Che senso ha vivere?» – il respiro
contratto, le forze ridotte –
«Basta con questa presa in giro!»

La vita uccide, figlio mio
e il dolore ti tiene solo sveglio
non conosco riparo neanch'io,
neanch'io so cosa sia meglio.

Eppure le lacrime hanno una fine
il vento piano piano si trasferisce
la notte nella notte si chiarisce
ogni cosa varca il suo confine.

La danza è ancora così vorticosa?

Semi, segni

Vorrei lasciarti essere, silenzio
in tutta la tua signoria
seppellire i semi del ricordare

le tazzine di porcellana inglese
sul samovar del salottino
i lumi dei carretti la sera

parole in bilico, lacrime
segni del tuo lasciarmi essere.

Dedica

A te, voce fanciulla
levata tra me e nulla

più.

Postfazione
La presenza intensa dell'altro
di Jean-Pierre Jossua

Nel 2002 Riccardo Emmolo ci aveva donato un libro di poesia – *Ombra e destino e altre poesie* – che raccoglieva testi fino ad allora dispersi. Si trattava di un *corpus* complesso, dove un'attenzione piena di meraviglia verso la realtà prossima, sensibile – il sole, la luce, le stagioni – si univa a una presenza di ombre temibili, contro le quali la parola poetica era in lotta. Era anche una prosodia tanto sapiente quanto vibrante, sensuale e spirituale a un tempo, in quanto una voce tormentata vi esprimeva un desiderio inappagato dell'assoluto. Radicato profondamente nella sua terra, quella degli Iblei, Riccardo Emmolo non è tuttavia meno aperto alle grandi correnti della poesia europea (e non solo), testimoniando così la sua fedeltà a un'antica tradizione culturale siciliana. Prova ne sia il fatto che *Ombra e destino* era completato da alcune variazioni su dei versi di Shelley e da palinsesti su Wilde, Pasternak, Tagore, Ibn Hamdis…

Questa apertura emerge e colpisce ancora di più in un libro di saggi uscito nel 2010, *Memoria e cecità*, che contiene numerosi studi su poeti e scrittori sia antichi che moderni. Ma c'è di più: una visione ampia della poesia. Opposta alla concettualizzazione, essa si volge verso Baudelaire, che ci invita a inventare una nuova maniera di porci dinanzi alle cose e a privilegiare nello spazio misurato del verso il suono piuttosto che il senso, per non cancellare la sensazione. Allora la poesia potrà lottare contro la disperazione davanti al mondo per come va e alla vita per ciò che è per la maggior parte degli esseri, tramutando, come accade in Leopardi, il dolore in canto. E poi, diversamente da quello che è il sentimento della maggior parte dei poeti, essa può attingere dalla lettura dei romanzieri una parte della sua ispirazione e appoggiarsi su di essi per avvicinarsi al reale.

La poesia è altra cosa che un semplice testo da leggere e interpretare: questo ci hanno insegnato i poeti dalla fine del XVIII secolo in poi. Essa "si vuole" come una parola impregnata del profondo di sé e della vita sensibile, rivolta ad altri esseri. La poesia si fa certo scrittura, ma può ridiventare parola per chi la accoglie nella sua esistenza e nel suo essere nel mondo. Ecco quel che mi suggerisce *d'emblée* il titolo vigoroso della nuova raccolta di poesie di Riccardo Emmolo: *Ti parlo.*

Tuttavia, non è il dialogo tra autore e lettore a essere messo a tema del libro. In una prima parte, originale e toccante – una delle due migliori della raccolta, entrambe innervate da un amore per una donna intensamente presente – c'è un tipo diverso di scambio: quello che si intrattiene con un essere amato (al contempo, questo scambio è disseminato di numerosi "assolo" con cui il soggetto che dice io, e che è uno dei due *partners*, esprime le proprie domande e le proprie reazioni). Questo dialogo, visibilmente o in maniera sotterranea, irriga tutta la prima parte del libro. Si aggiunga che ciò comporta come due cerchi concentrici. Al centro, un amore che fu felice, poi un lutto, quindi una sventura e un dolore in parte retrospettivi. Alla periferia, momenti, sensazioni, immagini indipendenti dall'agone principale e che ricordano la raccolta precedente, ma sottilmente legati al gioco centrale.

Comincia poi una parte alquanto diversa, per il tono e le rappresentazioni che ci vengono offerti. Si tratta essenzialmente di scene di vita quotidiana, tratte sia dall'infanzia – e dunque spesso molto sensibili –, sia dalla vita popolare di allora o di oggi, evocata con molta vivacità, brio giocoso, ovvero con altrettanta crudezza e, di tanto in tanto, con qualche punta lirica. Il tu è in tal caso differente: si tratta di interpellare se stessi, o ancora di rivolgersi a un interlocutore fittizio. Si possono notare, in questa seconda parte, accanto a forme molto diverse e talvolta prossime al poema in prosa, alcuni testi di natura più riflessiva, evocanti l'incertezza del conoscere e l'illusione del ricordo, i dubbi sul potere della parola, le inquietanti figure del nulla e della morte, il rilievo un po' disilluso che non si dà verità se non di se stessi, o ancora della terra. L'inquietudine dell'assoluto che attraversava *Ombra e destino* non si lascia quasi mai presentire, se non nello sguardo di una persona vicina al poeta, credente.

Avanzo a passi felpati verso la terza parte di *Ti parlo*, la cui interpretazione non mi sembra scontata, evidente. Qui il tu pare rivolgersi a un'altra figura amata – o dobbiamo pensare che sia la stessa del passato? ma una sorta di "attualità" resiste a questa ipotesi – con la quale si instaura un nuovo dialogo. E questo sono, in fondo, le belle poesie d'amore, la prima delle quali è il componimento eponimo – *Ti parlo.* Laddove l'insieme, nella diversità dei suoi metri e dell'estensione delle sue parti, è di fattura più semplice del precedente, si rimane colpiti dal componimento che evoca una civetta amicale e al tempo stesso conturbante, a motivo della sua prosodia estremamente controllata, ma anche della sua grande bellezza. Questo tono lirico ritrovato si mantiene sino alla fine del libro. E tuttavia due brevi testi ci lasciano una sorta di enigma: il tu sembrerebbe riannodarsi col primissimo inizio della raccolta (se si dovesse evitare ad ogni costo il rischio di sbagliarsi, il critico dovrebbe allora rinunziare al suo compito...).

(Traduzione di Antonio Sichera)

INDICE

FABULA

collana diretta da

Paolo Lagazzi, Stefano Lecchini e Giancarlo Pontiggia

1. FRANCO LOI, *Arbur*
2. DANILO BRAMATI, *Idioti nell'ombra*
3. CLAUDIO RECALCATI, *Un altrove qualunque*
4. ARTURO SCHWARZ, *Ouverture*
5. RICCARDO EMMOLO, *Ombra e destino e altre poesie*
6. GABRIELLA GALZIO, *Ishtar dagli occhi colmi*
7. GIAN RUGGERO MANZONI, *Gli addii*
8. GISELDA PONTESILLI, *Campagna. 1994-2002*
9. PETER ROBINSON, *L'attaccapanni e altre poesie*
10. ELENA PETRASSI, *Il calvario della rosa*
11. BRUNA DELL'AGNESE, *Gli improbabili confini*
12. LISABETTA SERRA, *Ritorni*
13. DANILO BRAMATI, *Nel cuore della luce*
14. ALFREDO PANETTA, *Petri 'i limiti (Pietre di confine)*
15. TINO DI CICCO, *Il tempo pieno e il nulla*
16. ANNALISA MANSTRETTA, *La dolce manodopera*
17. SAURO DAMIANI, *Canto dell'amore assente e altre rime*
18. ANGELO FERRANTE, *Dentro la vita*
19. LUIGI FONTANELLA, *L'azzurra memoria. Poesie 1970-2005*
20. ARTURO SCHWARZ, *Tutte le poesie, quasi*
21. ROSALIA ZABELLI, *Un essere ossuto*
22. ELENA PETRASSI, *Sillabario della Luce*
23. ALESSANDRO MOSCÈ, *Stanze all'aperto*
24. GABRIELLA SICA, *Le lacrime delle cose*
25. SILVIA VENUTI, *Oltre il quotidiano*
26. SILVIO AMAN, *Ariele*
27. WALTER ROSSI, *Cassarmonica*
28. BRUNA DELL'AGNESE, *Sul confine del tempo. Poesie dal 1985 al 2009*
29. LUIGI RICEPUTI, *Di un'altra luce*
30. MAKIKO KASUGA, *La nuca di Maitreya*

31. FRANCESCO DALESSANDRO, *L'osservatorio*
32. PIETRO MONTORFANI, *Di là non ancora*
33. LUIGI FONTANELLA, *Bertgang. Fantasia onirica*